Dieses Buch gehört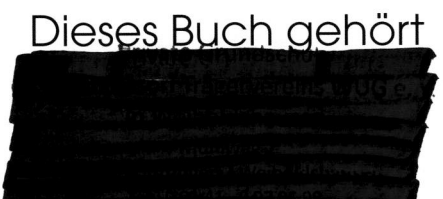

zur Erinnerung an deine/n

Ich möchte mich ganz herzlich bei Uschi Mirwald und Carola Schröpf bedanken für die Hilfe bei der Übersetzung ins Englische, bei meinem Vater Georg, bei Garry Semetka, Anja und Thomas Pausch, die gute Tipps gaben, und bei meiner Frau Sabine, die die Geschichte mit ihren Bildern lebendig werden ließ.

Very special thanks goes to Uschi Mirwald and Carola Schröpf for their assistance in translating into English, to my father Georg, to Garry Semetka, Anja and Thomas Pausch, who gave some tips, and to my wife Sabine, who made the story come alive with her pictures.

Dieses Buch widme ich meiner Frau Sabine, die immer ein offenes Ohr für Geschichten und Märchen hat und die mich bestärkt hat, das Buch zu verlegen.

I dedicate this book to my wife Sabine, who is always a willing listener and supported my vision for this book and made me all the more determined to publish it.

ISBN 3-9808939-0-1
© 1998 und 2003 Text in Deutsch und Englisch
inkl. Bilder bei Klaus Schwarz
Gesamtherstellung: Ellwanger Bayreuth

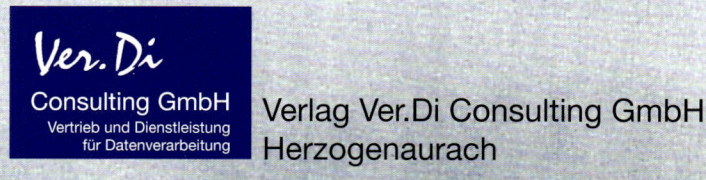

Verlag Ver.Di Consulting GmbH
Herzogenaurach

Der Bär Samba

Samba, the Bear

Eine bärenstarke Geschichte in Deutsch und Englisch

Autor Klaus Schwarz mit Bildern von Sabine Schwarz

Der Bär Samba

Vor noch nicht allzu langer Zeit lebte in einem kleinen Dorf der Bär Samba. Er lebte sorglos und zufrieden, er hatte ja alles, was er zu einem einfachen Leben brauchte. Seine Freunde kamen ihn oft besuchen. Sein Haus war ein uralter, hohler Baumstumpf, den er sich mit einer mindestens genauso alten Eule teilte. Der Baum stand unweit eines kleinen Sees, dessen idyllisches Bild ihn immer aufs Neue faszinierte. Er liebte es, sein Gesicht im kristallklaren Wasser zu betrachten und seinen romantischen Gedanken nachzuhängen.

Doch eines Tages fragte er sich, wie es wohl in der kleinen, nahe gelegenen Stadt zuginge. Er hatte gehört, dass dort alles anders sein solle. Es solle dort richtige Wohnungen aus Stein und Holz geben und Läden, in denen man alles kaufen könne. In den Cafés trifft man bestimmt viele interessante Leute, dachte er sich. So machte er sich also eines schönen Morgens auf den Weg.

Samba, the Bear

Once upon a time in a little village, there lived the bear Samba. He lived happily and content as he had everything he needed for a simple life. His friends often came by to visit him. His house was an ancient, hollow stump which he shared with an old owl at least as old as her. The tree stood close to a small lake whose idyllic view always fascinated him anew. He loved seeing his face in the crystal clear water and beeing wrapped in his romantic thoughts.

One day, however, he kept thinking to himself what might be going on in the little town nearby. It had come to his ears that everything there was different. People there had real houses made of brick and wood and shops, where you could buy everything. I could meet a lot of interesting people in the cafés, he thought to himself. So one fine day, in the morning he set out.

Er nahm seinen kleinen Rucksack mit und pfiff froh gelaunt, während er durch den duftenden Wald ging. Nach einer Weile gelangte er zu einer kleinen Straße und sah schon bald die Silhouette der Stadt. Als er die Stadtmauer erreichte, befand er sich auch schon inmitten einer Menschenmenge, die sich durch die Gassen drängte. So viele Bewohner auf einem Haufen hatte er noch nie gesehen. Es gab so viele neue Eindrücke, die er gar nicht auf einmal bewältigen konnte.

Es wurde Abend und er erschrak zutiefst, als er plötzlich geblendet wurde. Es war eine kleine grelle Sonne, die auf einem Pfahl in einem Glashaus eingesperrt war. Er hatte so etwas noch nie gesehen. Für die anderen Stadtbewohner schien es jedoch die selbstverständlichste Sache der Welt zu sein.

He took his little rucksack with him and, while walking through the sweet-smelling wood, he was whistling cheerfully. After a while he reached a small road and soon saw the silhouette of the town. When he reached the city wall, he was immediately in the middle of a crowd, forcing it's way through the narrow lanes. Never ever before had he seen so many people in one place. There were so many new impressions that he could not handle them at once.

Evening came and suddenly he was very startled by something that dazzled him. It was a small, glaring sun which was locked on a pole in a glass-house. Never in his whole life he had seen something like that before. For the other habitants, however, it seemed to be the most natural thing on earth.

„Du kommst wohl vom Mond? Da glotzen sie alle so wie du!", piepste eine kleine Stimme. Er blickte hinunter und sah eine kleine graue Maus neben sich auf dem Pflaster. „Sind hier alle so unfreundlich?", fragte er. Die Maus blickte verlegen zu Boden und entschuldigte sich. „Du hast sicher noch nicht zu Abend gegessen? Darf ich dich zu mir nach Hause einladen?", fragte die Maus. Sambas Magen knurrte und er antwortete: „Okay, lass uns gehen!"

Die Maus lebte in einer leer stehenden, alten Fabrikhalle, in der vor langer Zeit Kerzen hergestellt wurden. „Später kam die Elektrizität", sagte die Maus, „und veränderte alles, vor allem aber die Leute!" An allem ist nur eine böse Ratte schuld, der Chef der Elektrizitätswerke. Sie ist ungeheuer geldgierig und versucht alle Bewohner der Stadt vom Strom abhängig zu machen! Mit Strom hat man natürlich viele Erleichterungen. Einen Toaster zum Beispiel, der immer schönen, knusprigen Toast zum Frühstück bräunt. Oder einen Eierkocher. Man braucht nur Wasser hineinzugeben und die Uhr einzustellen und eins-zwei-drei sind die Eier fertig. Das lieben die Leute. So gibt es für alle Dinge Elektrogeräte. Dem Rattenkönig ist das aber noch nicht genug, er will noch viel mehr Geld haben. Morgen soll die ganze Stadt in Silberfolie eingewickelt und mit Strahlern angeleuchtet werden.

"Are you coming from the moon? Are they all gaping there like you do?" squeaked a little voice. He looked down and saw a tiny little mouse beside him on the pavement. *"Are they all here as impolite as you are?"*, he asked. The little mouse blushed, bent it's head and whispered an excuse. *"I am sure you haven't had dinner yet, have you? May I invite you to my home?"*, asked the mouse. Samba's stomach was rumbling loudly and he said: *"Let's go!"*

The home of the mouse was an old, empty factory hall where candles had been manufactured a long time ago. "Later electricity came", said the mouse, "and this changed everything, first of all the people here." An old, cruel rat was to blame for all this, who is the boss of the electricity station. He is extremely greedy for money and tries to make all inhabitants of this city dependent on the electricity. Of course electricity makes many things a lot easier: A toaster, for example, which always gives you nice, crunchy toast for breakfast. Or an egg-boiler. You only have to add water and start the clock and one-two-three your eggs are ready. People love that. So you have electrical appliances for everything. But the rat king is not satisfied yet. He still wants to have more and more money. For tomorrow he plans to wrap the whole town in silver foil and illuminate it by spotlights.

Die Stadt soll in einem noch nie da gewesenen Leuchten erblühen und zu einem einzigartigen Anziehungspunkt auf der ganzen Welt werden. Die Stromzähler werden sich überschlagen. Heerscharen von Neugierigen werden kommen, um dies zu sehen, und dadurch dem Herrscher unheimliche Reichtümer einbringen.

Alle Bewohner fieberten schon dem Glitzern von grellen Lichterketten und Strahlern entgegen, die sich tausendmal widerspiegeln würden. Der König der Elektrizität hatte es geschafft, alle für dieses Ereignis zu begeistern.

Am nächsten Tag wurden Bäume, Sträucher, Steine, ja die gesamte Umgebung mit glitzernder Folie eingehüllt und jeder war begeistert von diesem wundervollen Anblick, der sich bot. Noch nie hatte man so etwas Schönes gesehen. Wo man auch hinblickte, überall Lichter und Spiegelbilder, es war wie in einem Traum.

Als Samba nun schon eine Woche in der Stadt war und sich alles angesehen hatte, kam er eines Abends in eine Bar. Es bot sich ein chaotischer Anblick. Alle sprangen herum, tanzten wie besessen, eingehüllt in farbig zuckendem Licht. Als er sich zu einem Gast an den Tisch setzte, lief ihm ein kalter Schauer über den Rücken. Es war, als bestünden die Augen des Mannes aus runden Spiegeln.

The city should blossom out in a shining, which no-one has ever seen before and therefore become a unique attraction for the whole world. The electricity meters will tumble over. Hosts of curious persons will come to see this attraction and this will bring the ruler an incredible fortune.

All people of the little town were already awaiting the glittering and dazzling from the spotlights in a fever of anticipation. The king of the electricity had succeeded to electrify everybody for this event.

The next day, trees, bushes, stones – the whole environment – was wrapped with a glittering foil and everybody was thrilled by this wonderful sight. They had never seen anything so beautiful before. Wherever they looked, lights and mirror-images everywhere. It was like in a dream.

Samba had already been in town for one week and had seen everything, when, one night, he came to a little bar. He went in and was shocked by the chaotic sight he found. People were jumping around, dancing like mad in the colourful, flickering light. He sat down at a table and when he turned to the guest beside him, a cold shiver ran down his back. It seemed as if the man had little, round mirrors instead of eyes in his face.

Sein Gesicht wirkte kalt und leer und zeigte keine Regung. Samba rannte bestürzt aus dem Lokal und lief, als ob es um sein Leben ginge. Total erschöpft sackte er vor der Türe seines Freundes zu Boden. Sein Körper zitterte und eine unheimliche Angst kroch in seine Glieder.

Er musste wohl über eine Stunde so dagesessen sein, als er endlich das leise Tippeln seines Freundes hörte. Samba erzählte ihm alles und auch die Maus, die Ähnliches erlebt hatte, sagte: „Alle sind wie ausgewechselt. Es gibt keine Wärme und Geborgenheit mehr. Das ganze Innenleben der Stadt verändert sich zu einem Zerrbild." Es war nicht mehr die Stadt, die Samba kennen gelernt hatte, aber keinen schien es zu stören.

Die Maus zündete eine Kerze an und beide dachten nach. Es schien eine aussichtslose Situation zu sein. Was konnten sie schon unternehmen gegen den mächtigen Rattenkönig? Zwei arme Schlucker auf der einen Seite, der Bösewicht auf der anderen. Doch sie konnten die Mitbewohner nicht im Stich lassen. Sie mussten ihnen helfen!

His face was icy and empty and did not show any emotion. Samba jumped up and ran out of the bar as if it were a matter of life and death. Totally exhausted, he reached his friend's house and fell to the floor in front of the door. His whole body was shaking and fear crawled up his bones.

He must have sat like this for over an hour, when he finally heard the light tripping of his little friend. Samba told him everything and the mouse had experienced a similar situation. „Everybody seems to be different", said the mouse. „There is no more warmth and security. The whole inner life of the town changed to an ugly caricature." It was no longer the town he got to know when he arrived – but nobody seemed to care.

The mouse lit a candle and they both thought it over. It seemed to be a hopeless situation. What could they do against the powerful rat king? The two poor wretches on the one side, the rascal on the other side? But they knew they could not leave their fellows to their fate. They had to help them.

Der Zufall kam ihnen dabei zu Hilfe. Am nächsten Abend gingen plötzlich, wie durch ein Wunder, alle Lichter aus und es wurde stockfinster. Alle rannten auseinander und verkrochen sich in ihren Häusern. Es gab dafür nur eine Erklärung: Das Elektrizitätswerk war überlastet, Stromausfall in der ganzen Stadt. Sofort kam der Maus eine Idee! Das war genau das Ereignis, das die Wende bringen könnte. Samba verstand zuerst nicht, warum er ein paar Kisten aus der alten Fabrik in seinen Rucksack packen sollte. Aber er begleitete selbstverständlich seinen Freund, als dieser ihn bat, mit ihm zu kommen. Vorbei an schemenhaften Gestalten, alten Gemäuern und finsteren Gassen, gelangten sie zum Marktplatz.

Samba musste nun eine Kiste öffnen und als er hineinsah, wurde ihm die Absicht des kleinen, listigen Freundes klar. Der Bär nahm eine Kerze heraus und zündete sie an. Sofort wurde die Finsternis in ein sanftes Licht getaucht und überall hörte man überraschte und entzückte Rufe.

By chance they were helped. The next evening, miraculously suddenly all lights went out and it became pitch-dark. All people ran away and hid in their houses. There was only one explanation for this darkness: the power station was overloaded, no more electricity in the whole town. Immediately the little mouse had an idea. This was exactly the event which could bring the turn. First Samba did not understand why he had to pack some boxes from the old factory into his rucksack. But of course he accompanied his friend, who asked him to follow. They passed by shadowy creatures, ancient buildings and dark lanes and finally reached the market place.

Samba had to open one of the boxes and, after having looked inside, he suddenly knew what his foxy little friend intended to do. He took one candle out of the box and lit it. Immediately, the darkness was bathed in a smooth light and from everywhere, one could hear shouts of surprise and delight.

Das Licht der Kerze war für alle eine frohe Botschaft und sie kamen wie Nachtfalter, angelockt vom warmen Licht. Zum ersten Mal konnten sie wieder ihren eigenen Schatten erkennen und ein Glücksgefühl breitete sich aus. Die Mienen wurden nachdenklich und alle konzentrierten sich auf den rettenden Punkt. Dies war genau der Moment, wo die Freunde handeln mussten. Samba ging mit seiner Kerze zu einem Baum, der aussah wie aus Silber gegossen, und schmolz ein Loch in die Folie. Sofort wurde ein grünes Blatt sichtbar, und nach und nach befreite er so den Baum aus seinem hässlichen Kleid.

Dieser Anblick war für alle überwältigend. Sie sahen die Natur wieder mit anderen Augen und erfreuten sich an der natürlichen Farbenvielfalt.

Begeistert stürmten sie nun alle zu den Kisten und holten sich Kerzen heraus, um die Natur zu befreien. Jeder fing an, Folie wegzuschmelzen und alles wieder auszupacken.

The candlelight was like a glad tiding for everybody and they all came closer and gathered around this spot of warm light like moths. For the first time for ages they could see their own shadow again and a spirit of happiness spread over them. Everybody looked thoughtfully and was concentrated on the bright spot. This was the moment the friends had to act. Samba took a candle, went up to a tree which looked like casted silver and melted a hole in the foil. Immediately one green leaf came out and, piece by piece, he freed the tree from it's ugly dress.

This look was overwhelming for everybody. They now saw nature with different eyes again and were pleased by the natural variety of colours.

Enthusiastically they all ran up to the boxes and tried to grab a candle, as they all wanted to free nature. Everybody began to melt the foil and unwrap everything.

Die Ratte aber floh Hals über Kopf, als sie sah, wie sich die Ereignisse zuspitzten. Sie versuchte, so schnell wie möglich ihre Haut zu retten. Hierher würde sie bestimmt nie mehr zurückkehren! Der Einfall der Maus hatte gewirkt!

Am nächsten Tag sah man nur noch kleine Fetzen herumliegen und der Wind spielte mit ihnen, bis er sie schließlich hochwirbelte und mit seinem nächsten Atemzug aus der Stadt blies. Hinweg über Wiesen und Felder, bis man sie nicht mehr sehen konnte.

Es war wieder Ruhe und Frieden eingekehrt und alles schien so, als ob nichts gewesen wäre. Die Neonlichter wurden abmontiert. Samba und sein Freund waren überglücklich, dass sie die Stadt von dem Tyrannen befreit hatten, und so machte sich Samba sehnsüchtig auf den Heimweg. Schließlich hatte er ja seinen Freunden viel zu erzählen.

The rat, however, when seeing what had happened, fled head over heels, trying to save his skin. He would surely never come back there again. The idea of the little mouse had worked.

The next day, one could only see small pieces of foil lying around and the wind played with them, whirling them high up in the air and finally blowing them out of town. Far away over meadows and fields, until they could not be seen any more.

Silence and peace had come back and it seemed as if nothing bad had happened before. The neon lights were dismantled. Samba and his friend were delirious with joy that they had freed the town from the tyrant and Samba now ongingly started for his way home. After all, he had a lot to tell.

Hier ist Platz für ein Bild von dir!

Here you can draw your own picture!

Klaus Schwarz

wurde 1964 in Bayreuth geboren. Neben zahlreichen Gedichten und Kurzgeschichten während seiner Jugendzeit verwirklichte er seinen Wunsch, Geschichten für Klein und Groß zu schreiben. Die Kraft der Worte sieht er als wesentlichen Bestandteil zur Erweiterung unserer Träume und Gefühle. Sich mitzuteilen ist der erste Schritt zum Verstehen, aber auch um andere an seinem Leben teilhaben zu lassen. Als Geschäftsführer einer IT-Beratungsfirma durchbricht er mit seiner Art die klassischen Verhaltensregeln und Vorstellungen im Berufsleben und schafft dabei Raum, unerreichbar scheinende Ziele zu erreichen.

Born 1964 in Bayreuth. Besides creating poems and short stories during his youth, Klaus realised his dream to write stories for children and adults. He believes the power of words is the most important part to inspire and enrich our dreams and feelings. To communicate is the first step towards understanding each other as well as letting other people share a part of your life. Although a Managing Director of an IT company his personality allows him to breakthrough the classical rules of behaviour and imagination in professional life and create space to reach goals, which seem to be impossible.

Sabine Schwarz

wurde 1966 in Kronach geboren. Sie erlernte den Beruf Erzieherin mit Schwerpunkt Kunsttherapie mit Kindern. Durch Eigenstudium und den Besuch zahlreicher Weiterbildungskurse und Seminare wie der Kunstakademie Faber Castell eignete sie sich neue Techniken und Wissen über die Malerei an. Die Seidentücher entstanden 1994. Inspiriert von dieser Geschichte ihres Mannes, ließ sie ihre Fantasie in Bildern wahr werden. Neben ihrer Tätigkeit als Kunstberaterin für Marketing, Design und Printmedien, malt sie als freischaffende Künstlerin unter ihrem Künstlernamen „S. Murmann" und bietet Malkurse an. Heute lebt sie mit ihrem Mann und drei Kindern in Roßtal.

Born 1966 in Kronach. Sabine learnt the profession of Early Childhood with emphasis on art therapy with children. Through selfstudy and taking part in many workshops and seminars, for example, the Art Academy Faber Castell, she achieved new techniques and knowledge about painting. The silk prints were created in 1994. Inspired from the story by her husband she brought the fantasy into reality on silk. Besides her profession as art consultant for marketing, design and print media she is painting as an independent artist by the name „S. Murmann". Today she lives with her husband and three children and offers painting classes.